Vamos a contar/Counting Books

Bajo las olas
Vamos a contar la vida marina

Under the Sea
Counting Ocean Life

1,2,3

por/by Barbara Knox

Traducción/Translation: Dr. Martín Luis Guzmán Ferrer
Consultor/Consultant: Dr. Daniel K. Odell
Investigador en Jefe de Biología
Hubbs—SeaWorld Research Institute

Capstone press

Mankato, MN

A+ Books are published by Capstone Press,
151 Good Counsel Drive, P.O. Box 669, Mankato, Minnesota 56002.
www.capstonepress.com

1 2 3 4 5 6 12 11 10 09 08 07

Library of Congress Cataloging-in-Publication Data
Knox, Barbara.
    [Under the sea 1, 2, 3. Spanish]
    Bajo las olas 1, 2, 3 : vamos a contar la vida marina / por Barbara Knox = Under the Sea 1, 2, 3 :
counting ocean life / by Barbara Knox.
    p. cm.—(A+ bilingüe. Vamos a contar = A+ bilingual books. Counting books)
    Includes index.
    ISBN-13: 978-1-4296-1199-2 (hardcover)
    ISBN-10: 1-4296-1199-5 (hardcover)
    1. Counting—Juvenile literature. 2. Marine animals—Juvenile literature. I. Title. II. Title:
Bajo las olas 1, 2, 3. III. Title: Bajo las olas one, two, three. IV. Title: Under the sea 1, 2, 3. V. Series.
QA113.K6318 2008
513.2'11—dc22   2007018452

Interactive ISBN-13: 978-1-4296-1133-6   Interactive ISBN-10: 1-4296-1133-2

Summary: Simple text describes the activities of various ocean animals, from one sea star
    to ten crabs—in both English and Spanish.

Credits

Sarah L. Schuette, editor; Katy Kudela, bilingual editor; Eida del Risco, Spanish
    copy editor; Heather Kindseth, set designer; Bobbi Wyss and Mary Bode,
    book designers; Deirdre Barton, photo researcher

Photo Credits

Capstone Press/Gary Sundermeyer, sea star
Corbis, dolphin; Jeffrey L. Rottman, octopus
Creatas, clownfish, triggerfish
Digital Vision, sea turtle
PhotoDisc, Inc., crab, lobster, parrot, sand dollar, sea horse

Note to Parents, Teachers, and Librarians

Bajo las olas 1, 2, 3/Under the Sea 1,2,3 uses color photographs and a nonfiction format to
introduce children to various types of ocean life while building mastery of basic counting
skills in English and Spanish. It is designed to be read aloud to a pre-reader or to be read
independently by an early reader. The images help early readers and listeners understand
the text and concepts discussed. The book encourages further learning by including the
following sections: Glossary, Internet Sites, and Index. Early readers may need assistance
using these features.

1

One sea star moves slowly under the sea. With tube feet, the star can stick to rocks and coral.

Una estrella de mar se mueve despacito bajo las olas. Con sus pies tubulares, la estrella puede agarrarse de las rocas y los corales.

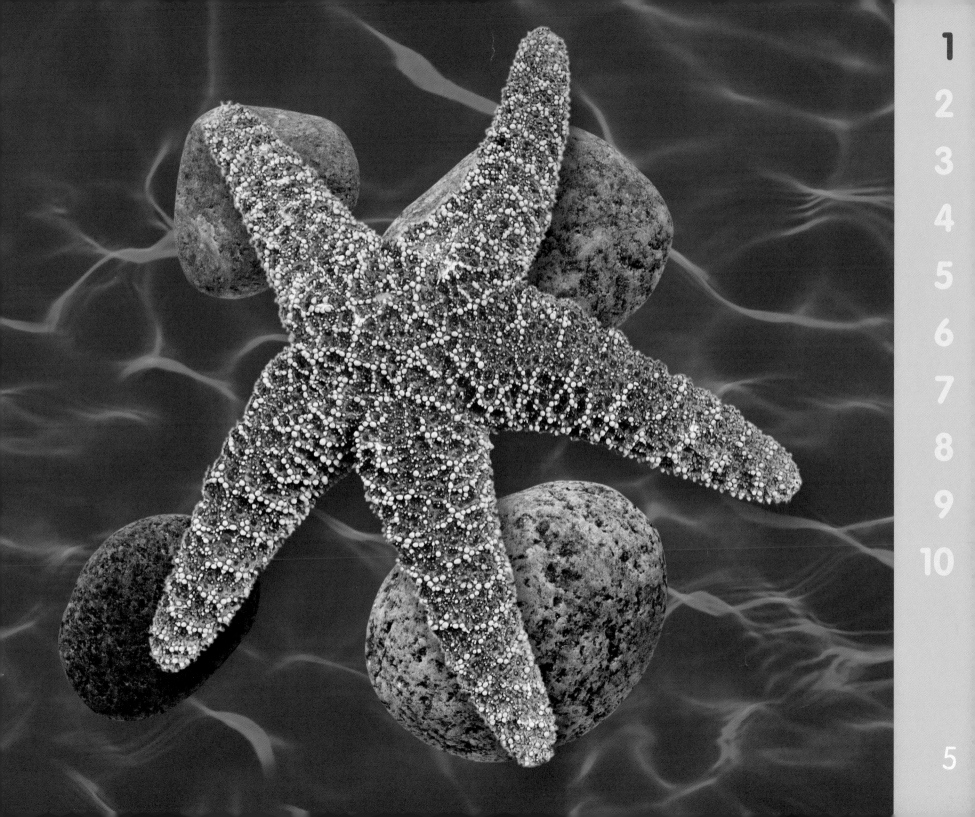

2

Two dolphins look sleek and smooth. Dolphin skin feels rubbery.

Dos delfines se ven lisos y suavecitos. La piel del delfín parece de goma.

3

Three sea turtles swim a long way to nest. Sea turtles lay eggs on sandy beaches.

Tres tortugas marinas nadan una gran distancia para hacer sus nidos. Las tortugas marinas ponen sus huevos en playas arenosas.

Four sea horses swim very slowly. They grab onto plants with their tails.

Cuatro caballitos de mar nadan muy despacio. Ellos se agarran de las plantas con sus colas.

5

Five sand dollar shells look like coins.

When alive, a sand dollar is purple.

Wild waves kill many sand dollars.

The shells are washed to shore.

Cinco conchas de dólar de arena parecen monedas. Cuando está vivo, el dólar de arena es morado. Las violentas olas matan a muchos de estos dólares de arena. Las conchas son arrastradas a la costa.

6

Six triggerfish wiggle their fins to swim. The triggerfish glide through the water.

Seis peces ballesta agitan sus aletas para nadar. Los peces ballesta se deslizan por el agua.

7

Seven lobsters hunt for food at night. They eat clams, crabs, and many other sea creatures.

Siete langostas cazan su comida por la noche. Comen almejas, cangrejos y muchas otras criaturas marinas.

Eight octopuses live in warm water. They have good eyesight, but they are deaf.

Ocho pulpos viven en aguas templadas. Tienen muy buena vista, pero son sordos.

18

9

Nine clownfish have white stripes. Their bodies are covered with a clear coating. It protects them from the stings of sea anemones.

Nueve peces payaso tienen rayas blancas. Sus cuerpos están cubiertos de una capa transparente. Ésta los protege de las picaduras de las anémonas marinas.

10

Ten crabs walk sideways on the sand. Crabs shed their shells as they grow.

Diez cangrejos caminan de lado por la playa. Los cangrejos mudan de caparazón cuando crecen.

How many?/¿Cuántos son?

Sea turtles/
Tortugas marinas

Triggerfish/
Peces ballesta

Sea stars/
Estrellas marinas

Sand dollars/
Dólares de arena

Clownfish/
Peces payaso

25

What does not belong under the sea?/ ¿Cuál de ellos no vive bajo el mar?

Ocean Life Facts/Datos sobre la vida marina

Sea star
- most have five arms
- sometimes called "star fish"
- eats clams, oysters, and fish

Estrella marina
- la mayoría tiene cinco brazos
- también se conoce como "pez estrella"
- come almejas, ostras y peces

Dolphin
- breathes air
- feeds milk to its young
- lives in groups called herds

Delfín
- respira aire
- amamanta con leche a sus crías
- vive en grupos que se llaman manadas

Sea turtle
- lays 70 to 170 eggs in nests
- uses flippers to swim
- protected by a hard shell

Tortuga marina
- pone de 70 a 170 huevos en su nido
- tiene aletas para nadar
- se protege con un caparazón duro

Sea horse
- has no teeth
- swallows food whole
- swims slowly

Caballito de mar
- no tiene dientes
- se traga entera la comida
- nada despacito

Sand dollar
- lives in sandy areas
- burrows under the sand to hide
- has tiny hairs on body

Dólar de arena
- vive en zonas arenosas
- se entierra en la arena para esconderse
- tiene pelitos en el cuerpo

Triggerfish

- has black lines around eyes
- hides in rocks
- swims quickly

Lobster

- sheds its shell
- hatches from eggs
- hides under rocks

Octopus

- changes color of skin
- squirts ink when scared
- eats crabs and clams

Clownfish

- has stripes on body
- female lays eggs
- male takes care of eggs

Crab

- protected by a hard shell
- has two pincers
- walks sideways

Pez ballesta

- tiene líneas negras alrededor de los ojos
- se esconde en las rocas
- nada muy rápido

Langosta

- muda de caparazón
- sale de huevos
- se esconde bajo las rocas

Pulpo

- su piel cambia de color
- lanza chorros de tinta cuando se asusta
- come cangrejos y almejas

Pez payaso

- tiene rayas en el cuerpo
- la hembra pone huevos
- el macho cuida los huevos

Cangrejo

- se protege con un caparazón duro
- tiene dos pinzas
- camina de lado

Glossary

anemone—an animal that looks like a plant; sea anemones have many stinging tentacles; clownfish live together with sea anemones.

clam—a shellfish with two shells that are hinged together; clams are hard to open; clams are mollusks.

coin—a small piece of metal stamped with a design and used as money; many coins are round; sand dollars look like coins.

crab—an animal with a hard shell, many legs, and two claws, or pincers; crabs are crustaceans.

fin—a part on the body of a fish that is shaped like a flap; fins help fish swim and steer through the water.

shed—to let something fall or drop off; lobsters and crabs shed their shells.

Glosario

la aleta—parte del cuerpo del pez en forma de abanico; las aletas le sirven al pez para nadar y navegar en el agua.

la almeja—marisco con dos conchas unidas por una bisagra; la almeja es difícil de abrir; las almejas son moluscos.

la anémona—animal que parece una planta; las anémonas marinas tienen muchos tentáculos que pican; los peces payaso viven con las anémonas.

el cangrejo—animal de caparazón duro, con muchas patas y con dos pinzas o tenazas; los cangrejos son crustáceos.

la moneda—pieza pequeña de metal grabada con un diseño que se usa como dinero; muchas monedas son redondas; las conchas de dólar de arena parecen monedas.

mudar— cambiar o dejar que algo caiga; la langosta y el cangrejo mudan de caparazón.

Index

beaches, 8

clownfish, 20

coral, 4

crabs, 16, 22

dolphins, 6

eggs, 8

feet, 4

fins, 14

lobsters, 16

octopuses, 18

plants, 10

sand dollars, 12

sea anemones, 20

sea horses, 10

sea star, 4

sea turtles, 8

tails, 10

triggerfish, 14

Índice

aletas, 15

anémonas marinas, 21

caballitos de mar, 10

cangrejos, 17, 22

colas, 10

corales, 4

delfines, 7

dólares de arena, 13

estrellas de mar, 4

huevos, 9

langostas, 17

peces ballesta, 15

peces payaso, 21

pies, 4

plantas, 10

playas, 9

pulpos, 18

tortugas marinas, 9

Internet Sites

FactHound offers a safe, fun way to find Internet sites related to this book. All of the sites on FactHound have been researched by our staff.

Here's how:

1. Visit *www.facthound.com*

2. Choose your grade level.

3. Type in this book ID **1429611995** for age-appropriate sites. You may also browse subjects by clicking on letters, or by clicking on pictures and words.

4. Click on the **Fetch It** button.

FactHound will fetch the best sites for you!

Sitios de Internet

FactHound te brinda una manera divertida y segura de encontrar sitios de Internet relacionados con este libro. Hemos investigado todos los sitios de FactHound. Es posible que algunos sitios no estén en español.

Se hace así:

1. Visita *www.facthound.com*

2. Elige tu grado escolar.

3. Introduce este código especial **1429611995** para ver sitios apropiados a tu edad, o usa una palabra relacionada con este libro para hacer una búsqueda general.

4. Haz un clic en el botón **Fetch It**.

¡FactHound buscará los mejores sitios para ti!